조선 시대 왕 이야기 ❷
왕의 건강을 지켜라

글 윤영수 | 그림 안태형

한솔수북

왕과 왕비의 이동식 변기인 매우틀.(국립고궁박물관)

조선의 마지막 임금은 순종 황제였습니다.

이때는 일본 제국주의자들이 조선을 집어 삼키려고

그들의 속셈을 드러내 놓고 달려들 때입니다.

그때 순종 황제는 몸이 매우 아팠습니다.

그래서 왕의 건강을 보살피는 내의원에서는

어의와 의녀들이 밤낮없이 애를 썼습니다.

이제부터 그들의 눈부신 활약상을 만나 보아요.

차 례

방학 숙제 · 6

일본군에 둘러싸인 황제 · 12

 황제의 매화를 살피다 · 22

쫓겨나는 어의들 · 32

연희한테 닥친 위기 · 41

내전일기를 지켜라! · 51

버릇을 바꾸다 · 60
조선 시대 왕들은 어떻게 살았을까? · 62

방학 숙제

"어서 일어나! 방학이라고 너무 하는 거 아니야?"
또다시 방문을 열고 들어온 엄마가 이번에는 아예 이불을 확 걷어치우며 말했다.
"엄마, 오 분만 더. 응?"
지민은 다시 이불을 당기며 몸을 돌돌 말았다.
"너 오늘 방학 숙제 해야 한다며? 너 정말 자꾸 이러면 창덕궁에 안 간다."
그제야 지민은 정신이 번쩍 들었다. 오늘은 엄마 아빠와 함께 창덕궁에 가기로 한 날이었다. 개학이 이제 사흘 앞으로 다가와 있었다. 지민의 마지막 방학 숙제는 '조선의 임금들은 어떻게 건강을 지켰을까?' 하는 것이었다. 왕이 살던 곳을 직접 가 봐야 한다는 지민의 말에 아빠가 없는 시간을 내서 오늘 함께 가기로 한 것이었다. 싫어도 할 수 없었다. 지민은 겨우 자리에서 일어났다.
"여보, 우리 지민이 정말 큰일이에요. 저렇게 버릇이 잘못 들어서 어떡해요?"
세수를 하고 난 지민이 밥상에 앉자마자 엄마가 아빠를 바라보며 말했다.
"그러게 말이야. 버릇이 잘 들어야 건강에도 좋은데 말이지."
"그래서 이렇게 키가 안 크는 게 아닐까요?"
"내 키가 어때서?"
엄마 아빠의 말에 지민이 발끈해서 밥숟가락을 탁 놓으며 자리에서 일어섰다.

 원래 아침밥을 잘 안 먹기도 했지만 이렇게 키 이야기를 할 때면 밥맛이 더 떨어졌다. 사실 지민은 또래들에 견줘 키가 작은 편이었다. 그래서 키 이야기만 나오면 더욱 짜증이 났다.
 '그게 뭐 내 잘못인가? 작게 낳아 준 엄마 아빠 탓이지.'
 지민이 그런 생각을 하고 있는데, 엄마가 빽 소리를 쳤다.
 "아니, 얘가 또 왜 이래? 얼른 이리 와서 밥 먹지 못해!"
 "싫어! 밥 먹기 싫단 말이야!"
 지민도 지지 않고 소리쳤다.
 "하긴, 그렇게 늦잠을 자니 밥맛이 있을 리 없지. 그래도 어서 먹어. 안 그러면 오늘 창덕궁 가는 건 취소야!"
 엄마가 윽박지르자 지민은 할 수 없이 다시 밥상에 걸터앉았다. 구수한 냄새가 나는 된장찌개도 있고, 지민이가 좋아하는 달걀 반찬도 있었다. 하지만 지민은 통 먹고 싶은 생각이 안 들었다.
 "아, 나도 조선 시대 임금으로 태어났더라면 얼마나 좋을까?"
 지민이 한숨을 푹 내쉬며 말했다. 엄마 아빠가 웬 뚱딴지같은 소리냐는 듯 지민을 바라보았다.

아침을 대충 먹고 나서 서둘러 창덕궁에 갔더니, 때마침 정문인 돈화문 앞에서 수문장 교대식이 있었다. 커다란 깃발을 앞세운 병사들과 장수가 나타나자 많은 사람들은 숨을 죽인 채 그 모습을 지켜보았다. 외국 사람들도 잇따라 사진을 찍으며 신기한 듯 바라보고 있었다.

화려한 교대식이 끝나고 드디어 창덕궁에 들어갈 시간이 되었다. 지민네 식구는 몇몇 다른 사람들과 한 무리가 되어 함께했다. 문화해설사가 친절하게 창덕궁에 얽힌 이모저모를 얘기해 주었지만, 지민은 걸어 다니는 게 무척 힘들었다.

"지민아, 이곳에 살았던 조선 시대 왕들은 어땠을까?"

아빠가 지민을 바라보며 말했다.

"왕이니까 뭐든 자기 맘대로 할 수 있으니 좋았겠지요, 뭐."

지민이 시큰둥하게 말했다.

"정말 왕이라고 맘대로 할 수 있었을까?"

"그렇잖아요? 먹고 싶은 거 맘대로 먹고, 자고 싶을 때 자면서 아빠가 집에서 하듯이 그랬을 거 아녜요?"

"뭐야? 이 녀석이."

"그건 지민이 말이 맞네요. 당신 집에 오면 손가락 하나 까딱 안 하잖아요? 호호."

엄마가 웃으며 지민이 말에 맞장구를 쳐 주었다.
"이런 내가 한 방 얻어맞았군. 허허허."
아빠가 너털웃음을 터뜨리며 말했다.
"자, 이곳은 왕과 왕비가 묵었던 대조전입니다."
문화해설사의 얘기를 흘려들으며 지민은 슬쩍 사람들 틈에서 벗어나 건물 뒤쪽으로 돌아가 보았다. 대조전에는 유리창도 달려 있었다. 큰 불이 난 뒤 고쳐 지으면서 현대식으로 지었다고 했다. 대조전 뒤에는 널따란 뜰이 있었다. 참 아름다웠다.
'이곳에서 살았던 임금은 얼마나 좋았을까?'
그때였다. 어디선가 낭랑한 목소리가 들려왔다.
"지민 아씨, 조선의 임금님이 어떻게 지냈는지 너무 모르시는군요. 호호."
지민은 그 소리에 깜짝 놀라 고개를 돌렸다.
"누, 누구세요?"
"저는 순종 황제를 모셨던 내의원 의녀랍니다. 이제부터 저희가 임금님의 건강을 보살피려고 얼마나 애썼는지를 보여 드릴게요. 자, 저를 따라오세요."
"어, 어, 난 엄마 아빠한테 가야 하는데……."
말을 다 마치기도 전에 지민은 알 수 없는 힘에 이끌려 어디론가 사라져 버렸다.

순종 황제가 눈을 감기 전까지 살았던 궁궐, 창덕궁!

임진왜란 때 경복궁이 불타 버리자, 이 창덕궁이 오랫동안 조선의 궁궐 구실을 했어요. 더욱이 조선의 마지막 임금인 순종 황제는 나이 들어 건강이 나빠지자 궁궐 안쪽에 있는 대조전에서 주로 지내지요. 그때 이 궁궐 안에서는 왕의 건강을 지키려고 여러 신하가 온 정성을 다했다고 합니다. (시몽포토)

일본군에 둘러싸인 황제

"삐걱."

수라간 문이 열리면서 수라간 으뜸 상궁인 오 상궁이 문을 나섰다. 오 상궁 뒤로는 커다란 상을 든 네 궁녀들이 뒤를 따랐다. 그 뒤로는 또 다른 궁녀들이 갖가지 음식이 든 그릇을 손에 들고 살금살금 걸음을 옮겼다. 희정당으로 황제 폐하의 수라상을 옮기는 길이었다.

"거기 멈추어라!"

오 상궁과 궁녀들이 희정당 문 앞에 이르자 한 무리의 군인들이 앞을 막아섰다. 그들은 모두 네모난 모자를 쓰고 커다란 총을 메고 있었다. 다름 아닌 일본 군인들이었다.

"길을 비키시오! 황제 폐하의 아침 수라상이오."

오 상궁이 크게 소리치자 일본군 장교가 앞으로 나서며 말했다.

"오늘부터 이곳은 우리가 지키기로 했다. 그리고 앞으로 음식 검사도 우리가 할 것이다."

"뭣이? 황제 폐하께서 드실 수라를 어찌 군인들이 먼저 검사를 한단 말이오?"

"시끄럽다!"

그러면서 일본군 장교는 일일이 수라상을 들춰 보며 음식을 살폈다.

'아니, 조선의 임금이 먹는 음식이 이토록 훌륭하단 말인가!'

일본군 장교는 애써 아무렇지 않은 듯 오 상궁 일행을 희정당 안으로 들여보냈다.

"됐다. 이제 그만 물리도록 하라!"

순종이 수저를 상 위에 놓으며 말했다.

"폐하, 어이하여 수라를 드시지 않으십니까?"

곁에 지키고 있던 오 상궁이 안타까운 듯 순종을 바라보며 말했다.

"입맛이 없구나."

"폐하, 입맛이 없더라도 조금만 더 드십시오."

"그만 됐다니까 그러는구나."

순종은 아예 밥상에서 멀찍이 물러났다. 오 상궁은 다시 수라상을 보았다. 상 위에는 음식이 거의 그대로 남아 있었다. 순종은 국물 두어 숟가락만 뜨고는 그만 숟가락을 놓아 버리고 만 것이다. 오 상궁은 언뜻 순종 황제의 낯빛을 살폈다. 얼굴에는 핏기가 없고 해쓱했다.

"수라상을 들어라."

오 상궁은 옆에 있던 궁녀들한테 상을 물리도록 했다. 궁녀들이 조심스레 수라상을 들고 밖으로 나갔다. 오 상궁도 순종 황제한테 절을 하고 어전을 물러났다. 희정당을 나온 오 상궁은 바삐 발길을 내의원으로 옮겼다. 내의원은 궁궐 안의 문을 몇씩이나 지나서야 있었다.

"도제조 대감, 큰일 났습니다."

오 상궁이 내의원으로 갔을 때는 마침 내의원 으뜸 어의인 도제조 박 대감이 자리에 있었다.

"아니, 소주방 오 상궁이 여긴 어인 일이시오?"

임금이 먹을 음식을 만드는 곳을 소주방 또는 수라간이라 했다.

"아무래도 황제 폐하의 건강이 무척 안 좋으신 것 같습니다. 폐하께서 수라를 전혀 못 드십니다. 새벽녘에 올린 자릿조반에도 거의 손을 대지 않았습니다."

"뭣이?"

박 대감은 깜짝 놀라 소리쳤다. 황제께서 자릿조반과 아침 수라를 제대로 들지 못했다면 이는 보통 일이 아니었다. 순종은 고종 황제에 이어 왕의 자리에 오른 대한제국의 황제였다. 더구나 지금은 일본이 우리나라에 들어와 나랏일을 간섭하고 있었고, 이런 일본 사람들과 한패가 된 친일 무리들이 득실대고 있었다. 일본이 호시탐탐 우리나라를 집어삼키려 드는 이때 황제의 건강이 나빠진다면 이보다 더 큰 일이 없었다.

"그리고 일본 군인들이 폐하께서 드실 음식을 일일이 검사를 하겠다고 하니, 이런 얼토당토않은 일이 어디 있습니까?"

"아니, 뭐라고요?"

박 대감은 그 말을 내뱉고는 눈을 감아 버렸다. 조선을 집어삼키려는 일본 제국주의자들의 사나운 욕심이 날로 더해 가고 있었던 것이다. 하지만 박 대감은 그보다도 순종의 건강이 더 걱정이었다. 황제가 건강해야 나라를 다시 바로 세울 수가 있기 때문이었다.

"여봐라, 밖에 누구 없느냐?"

박 대감의 부름에 한 궁녀가 문을 열고 들어왔다. 내의원 의녀 연희였다. 박 대감은 여러 의녀 가운데서도 연희를 남달리 아꼈다. 의술이 담긴 책도 많이 읽었을 뿐만 아니라, 어릴 적부터 할아버지와 함께 북한산 자락에 살면서 우리 풀과 꽃을 훤히 알고 있어 누구보다 약재에도 밝은 아이였던 것이다.

"대감마님, 부르셨습니까?"

연희가 다소곳이 머리를 숙이며 말했다.

"지금 어의들은 어디 있느냐?"

"약재 창고에 계십니다."

"얼른 가서 어의들을 불러 오너라!"

박 대감의 명을 받자마자 연희는 서둘러 밖으로 나갔다.

얼마 안 돼서 김 어의와 최 어의 두 사람이 박 대감 앞으로 달려왔다.

황제 폐하께서 자릿조반과 아침 수라를 못 드셨다는 이야기를 들은 두 어의는 금세 낯빛이 무척 어두워졌다.

"대감, 폐하의 옥체에 무슨 일이라도 생긴 것입니까?"

김 어의가 놀란 눈으로 박 대감한테 물었다.

"나도 방금 들은 이야기인지라 자세한 건 모르오."

"그냥 잠깐 입맛이 떨어진 게 아닐까요?"

최 어의가 작은 눈을 깜빡이며 말했다.

"그게 무슨 소리요? 폐하의 옥체에 티끌만 한 일도 안 생기게 하는 게 우리가 해야 할 일이 아니오?"

"소, 송구합니다, 대감."

최 어의가 고개를 숙이며 잘못을 빌었다.

"폐하의 진맥 일이 언제요?"

"사흘 뒤입니다, 대감."

내의원 어의들이 황제를 찾는 날은 따로 정해져 있었다. 어의들은 닷새마다 황제를 찾아뵙고는 이것저것 여쭈어 보기도 하고 진맥을 하기도 했다. 그런데 이틀 전에 황제의 진맥을 본 터라 아직 진맥 날이 사흘이나 남아 있었다.

"사흘을 어찌 기다린단 말인가? 지금 바로 황제 폐하를 찾아뵐 준비를 하시오."

박 대감이 그렇게 말하자 최 어의가 나서며 말했다.

"하오나 대감, 우리 마음대로 폐하를 찾아뵐 수 있을까요? 일본 군인들이 쉽사리 허락하지 않을 텐데요."

"일본 놈들이 그런다고 해서 폐하의 옥체를 안 보살피겠다는 게요?"

박 대감이 버럭 소리를 지르며 말했다.

"제 말씀은 그런 뜻이 아니라……."

"여러 소리 할 것 없소. 곧바로 어전으로 갑시다. 내가 직접 폐하를 찾아뵐 것이오."

이윽고 박 대감과 두 어의 그리고 연희가 순종 황제가 있는 희정당 문 앞에 이르자 생각했던 대로 일본 군인들이 박 대감 일행을 막아섰다.

"비켜라! 폐하의 옥체를 진맥해야 하느니라."

"지금 조선 왕은 우리 이토 히로부미 통감 각하를 만나고 있어 아무도 들여보낼 수 없다."

"폐하께선 오늘 두 끼씩이나 수라를 걸렀느니라. 지금은 일본 통감을 만나는 것보다 우리 어의를 만나는 게 더 중요하다. 그러니 잔말 말고 어서 썩 비켜라!"

"뭣이? 네 놈이 어찌 대일본 제국의 통감 각하를 업신여긴단 말이냐? 여봐라, 이들을 곧장 끌어내라!"

일본군 장교의 명령이 떨어지자마자 일본 군인들이 우르르 달려들어 박 대감과 두 어의를 밀어내었다. 그러자 박 대감이 밀려나면서 큰 소리로 외쳤다.

"폐하, 황제 폐하, 소신들을 만나 주시옵소서."

하지만 박 대감과 두 어의는 일본 군인들의 무지막지한 힘에 이끌려 어쩔 도리가 없었다. 그것은 연희도 마찬가지였다.

박 대감의 울부짖는 소리가 희정당 안에까지 들려왔다. 순종 황제는 그 소리를 들으며 눈을 질끈 감았다.

역사스페셜박물관

순종 황제

순종 황제는 조선의 27대 임금이자 마지막 왕이었어요. 아버지는 고종 황제, 어머니는 바로 명성황후였지요. 순종 황제가 왕의 자리에 오른 때는 1907년이었는데, 이때는 벌써 일본 제국주의자들이 드러내 놓고 조선을 집어삼키려 들 무렵이었어요. 1910년 한일 병합이 된 뒤에도 이름만 왕으로 남아 있다가 1926년 승하하시는데, 승하하기 전 서너 달 동안 무척 많이 아팠다고 해요. 아마도 나라를 잃은 큰 슬픔이 왕의 건강을 더욱 나빠지게 했을 것입니다.

희정당 외부와 내부 모습

희정당은 원래 침전으로 쓰다가 조선 후기부터 임금이 평상시에 머물면서 일을 보는 곳으로 썼습니다. 이곳에는 창덕궁의 여러 건물이 그렇듯 조선 후기 때 서구 문명이 들어온 자취들을 잘 보여 주고 있어요. 우리 전통 건물에서는 볼 수 없는 현관의 모습이라든지, 또한 내부에는 붉은 카펫과 샹들리에 그리고 서구식 가구가 놓여 있어 야릇한 느낌을 주지요. 오늘날의 건물은 1917년에 불타 버린 것을 1920년에 다시 지은 것이라고 합니다. (시몽포토/유로포토서비스)

"이놈들, 어서 비켜!"

임금의 수라상

조선 시대의 임금들은 이런 수라를 아침 열 시와 오후 다섯 시 두 차례에 걸쳐 먹었어요. 이 밖에도 일어나자마자 먹는 자릿조반, 낮에 먹는 점심 그리고 밤참까지 하루 다섯 끼를 먹었어요. 수라상의 음식까지도 내의원에서 일일이 챙겼다고 하니, 왕의 건강을 위해 얼마나 애를 많이 썼는지 알 수 있지요. (타임스페이스)

황제의 매화를 살피다

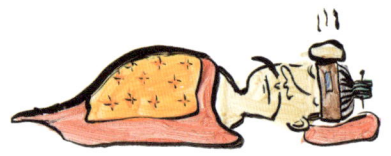

다음 날 아침이었다. 연희는 벌써 몇 시간째 꼼짝 않고 대조전 뜰에 서 있었다. 대조전은 황후가 머무는 내전 가운데 으뜸 건물로서, 황제와 황후가 같이 잠을 자는 곳이기도 했다.

벌써 수라간에서 황제 폐하한테 올린 자릿조반을 내간 지도 오래되었다. 자릿조반은 황제가 아침에 일어나자마자 먹는 미음이나 죽 같은 음식이었다. 오늘도 황제는 자릿조반을 제대로 못 드셨다고 했다. 정말로 큰 병이 난 것이 아닐까? 연희는 애가 타서 마음이 조마조마했다.

그런데 아직 연희가 기다리고 있는 매우틀이 안 나왔다. 매우틀은 황제 폐하의 이동식 변기였다. 나무 의자 아래 구리로 만든 그릇을 넣고, 그 안에 볏짚 같은 것을 깔아 변기로 썼던 것이다. 폐하께서 어제부터 음식을 제대로 못 드신다고 하자 내의원에서는 황제 폐하의 매화를 살펴보기로 했다. 매화는 폐하의 대변을 높여 부르는 말이었다. 박 대감과 두 어의가 연희한테 폐하의 매우틀을 가져오라고 시켰던 것이다.

드디어 대조전 문이 열리면서 복이 나인이 매우틀을 들고 나왔다. 복이 나인은 폐하의 매우틀을 맡고 있는 궁녀였다. 연희는 얼른 매우틀을 건네받고는 잽싸게 내의원으로 달려갔다.

박 대감과 두 어의는 연희가 가져온 매우틀을 꼼꼼히 살펴보았다.

"어떠시오?"

박 대감이 걱정스레 매우틀을 살피는 두 어의한테 물었다.

"아무래도 소화가 잘 안 되시는 듯합니다."

"위장에 열이 많고 대장도 안 좋은 것 같습니다."

김 어의와 최 어의는 서로 의견일치를 보았다. 무엇보다 소화가 잘 안 되고 있는 것이 매화를 통해서 드러났다.

"아무래도 가미이중탕을 올려야겠습니다."

"그럼 어서 탕약을 준비하시오. 그런데 너는 무얼 하고 있느냐?"

박 대감이 아까부터 어의들 옆에서 뭔가 열심히 적고 있는 연희를 바라보며 말했다.

"지금 영감님들께서 나누시는 말씀을 다 적고 있사옵니다."

연희가 대꾸하자 최 어의가 버럭 화를 냈다.

"뭣이라고? 그렇다면 네가 여태까지 황제 폐하의 용태를 다 적고 있었단 말이냐?"

"그, 그러하옵니다만……."

"이 고얀 것 같으니라고! 황제 폐하의 용태를 적어서 어디다 쓰려는 게야? 왜놈들한테라도 넘길 셈이냐?"

최 어의의 말에 연희는 깜짝 놀라 바닥에 넙죽 엎드리며 말했다.

"아, 아니옵니다. 영감님들께서 나누시는 말씀을 잘 적어 두어야 이다음에 같은 일이 생기더라도 바로 처방할 수 있지 않겠습니까? 그래서 적고 있었습니다."

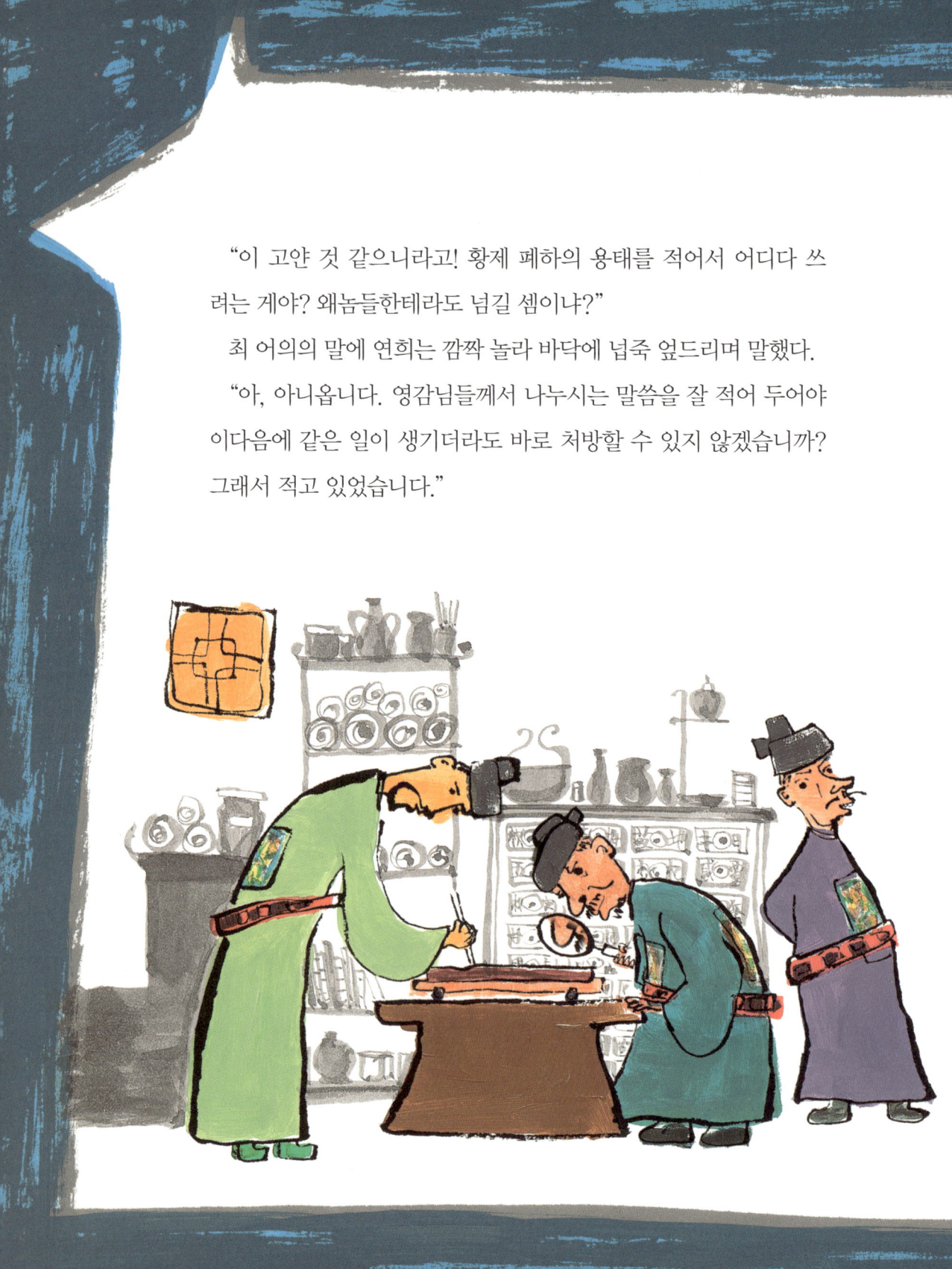

"우리가 멀쩡히 있는데 의녀 주제에 그런 걸 적어서 어디다 쓴단 말이냐?"

최 어의가 다시 연희를 다그쳤다.

"소인은 다만 왜놈들이 대궐 안까지 판을 치고 있는 터라, 만에 하나 어의 영감님들한테 무슨 일이 생길지 몰라……."

연희가 머뭇거리며 대꾸하자 박 대감이 지그시 연희를 바라보며 말했다.

"그래, 네 말도 일리가 있구나. 꼼꼼히 적어 뒀다가 꼭 필요할 때 잘 쓰도록 해라."

박 대감이 선선히 연희의 뜻을 허락했다.

그 뒤로 연희가 몹시 바빠졌다. 먼저 연희는 약재 창고에 가서 황제 폐하께 올릴 약재를 골라 왔다. 연희가 골라 온 약재를 살핀 어의들은 무척 만족스러웠다. 두 어의는 곧바로 약을 지었다. 그러는 동안 연희는 마당에 숯불을 피우고 탕약 달일 준비를 했다. 약탕기도 깨끗하게 씻어 놓았다. 가미이중탕은 소화를 돕는 약이었다. 그러는 동안에 도제조 박 대감은 수라간 오 상궁을 따로 불렀다.

"오 상궁, 폐하께서 아무래도 소화가 잘 안 되는 것 같으니 수라를 바꾸었으면 좋겠소."

"그렇다면 어떤 음식을 올려야 할까요?"

황제가 먹을 음식도 일일이 내의원에서 정해 주었다. 황제가 하루 다섯 차례 먹는 음식만 잘 조절해도 건강을 지킬 수 있다고 믿었던 것이다. 음식만으로 도저히 어려울 땐 내의원에서는 약을 올렸다.

"소화가 잘 되는 음식이어야 할 것 같으니, 속미음과 황육백반탕을 준비해 주면 좋겠소. 물론 탕약도 함께 올릴 것이오."

"알겠습니다. 더구나 폐하께선 치아도 안 좋으시니 그렇게 하는 것이 좋을 듯합니다."

수라간 오 상궁은 기꺼이 박 대감이 시키는 대로 했다. 속미음은 팥이 들어간 미음으로 몸의 기운을 잘 돌게 하는 구실을 했다. 또 황육백반탕은 쇠고기와 쌀을 푹 끓인 탕으로, 소화가 잘 되는 음식이었다. 수라간에서 황제의 음식을 마련하는 동안 연희는 정성껏 약을 달였다. 약을 달이는 동안 연희는 숯불 곁에서 꼼짝 않고 있었다.

'약은 정성이니라.'

도제조 박 대감께서 늘 하시던 말씀이었다.

드디어 순종 황제의 저녁 수라와 약이 준비되었다. 연희는 수라간 상궁들 뒤를 따라 탕약을 들고 황제가 계신 희정당으로 가면서 마음이 조마조마했다. 일본 군인들이 또 어떻게 나올지 몰랐기 때문이다. 박 대감과 두 어의는 내의원에서 기다리고 있었다.

"어떻게 해서라도 황제 폐하께서 탕약을 드시게 해야 하느니라. 그리고 일본 군인들이 황제 폐하께서 편찮으신 것을 결코 모르게 해야 한다. 알겠느냐?"

박 대감은 잇따라 연희한테 다짐을 놓았다. 만일 황제가 아프다는 것을 안다면 일본 사람들이 또 무슨 짓을 꾸밀지 알 수 없는 노릇이었다.

희정당 앞에는 여느 때처럼 일본 군인들이 지키고 있었다.

"그것이 무엇이냐?"

일본군 장교가 연희가 들고 있는 탕약을 보고 말했다.

"이것은 황제 폐하께서 무척 좋아하시는 것이오."

오 상궁이 연희를 대신해서 대답했다.

"그런데 웬 약 냄새가 나느냐? 빛깔은 또 왜 이렇게 시커먼가?"

일본군 장교가 의심스러운 눈빛으로 말했다.

"이것은 우리 조선의 전통 음식이오. 약 냄새가 나는 것은 여러 가지 채소들을 섞었기 때문이오. 그러니 자, 어서 비켜 주시오. 폐하의 수라가 늦어지고 있소."
오 상궁이 재촉하자 일본군 장교가 고개를 갸웃하면서 길을 터 주었다. 연희는 속으로 깊은 숨을 내쉬면서 희정당 안으로 들어갔다.

그렇게 해서 연희는 어렵사리 황제 폐하께 가미이중탕을 바칠 수 있었다. 어전을 물러나온 연희는 황제의 낯빛과 먹은 음식이 무엇인지를 꼼꼼히 적었다. 연희는 그 제목을 '내전일기'라 붙였다.

그날 밤, 일본군 장교는 이토 통감을 만나고 있었다.

"무어라? 조선 황제한테 약이 들어갔다고?"

장교의 보고를 받은 이토 통감의 얼굴엔 야릇한 웃음이 번졌다.

역사스페셜박물관

매우틀

왕과 왕비는 화장실에 가는 대신 이동식 변기를 썼는데요, 이것을 매우틀이라고 하지요. 원래 한자는 매화(梅花)인데요, 궁궐에서는 매우라고 했다는군요. 매우틀은 나무로 된 의자식 변기를 말하는데, 변기 아래에는 구리로 만든 그릇을 두어 여기에 왕과 왕비의 대변이나 소변을 받았답니다. 이따금씩 이 매우틀을 내의원으로 가져가 왕과 왕비의 건강 상태를 살폈다고 해요. (국립고궁박물관)

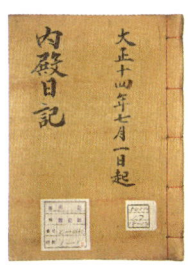

《내전일기》

이 책은 순종 황제가 승하하기 전 두 달간의 기록을 정리한 것입니다. 여기에는 날마다 열두 가지 항목을 기록했는데요, 순종 황제가 일어난 시각, 진찰받은 횟수, 끼니와 먹은 약 이름, 그리고 세수와 이발에 이르기까지 임금에 관한 모든 것이 자세히 적혀 있지요. 내의원은 이 기록을 참고 삼아 순종 황제의 건강을 보살폈던 것입니다. (한국학중앙연구원 장서각 소장)

《내의원 식례》

이 책은 왕실 의료 기관이던 내의원의 건물과 그 체계를 정리해 놓은 것입니다. 여기에 보면 내의원에는 중심 건물인 대청이 있었고, 침의청과 서원방 그리고 의녀방 같은 게 있었다고 해요. 거기에 약재 창고와 책방 같은 것도 갖춰져 있었다고 합니다. 임금의 건강을 보살피려고 내의원을 얼마나 꼼꼼히 만들었는지 알 수 있는 책이지요. (규장각 한국학연구원)

이토 히로부미

이토는 일본의 정치가로서 1909년 10월 26일 만주의 하얼빈 역에서 조선의 독립운동가인 안중근 의사의 총에 맞고 그 자리에서 숨진 인물이에요. 그는 일본의 메이지유신에 크게 이바지하면서 실력 있는 정치가가 됩니다. 그 뒤 1905년 제2차 한일협약으로 우리나라에 통감부가 만들어지자 초대 통감 자리에 앉지요. 우리나라를 일본과 병합하려고 갖은 일을 꾸미다가 끝내 안중근 의사한테 죽음을 당하고 말지요.

쫓겨나는 어의들

이른 아침 내의원 밖이 시끌벅적했다. 이토 통감이 한 무리의 일본 군인들을 이끌고 내의원에 나타난 것이다. 일본 군인들은 내의원을 빙 둘러 에워쌌다. 놀란 궁녀들이 비명을 지르며 이리저리 흩어졌다.

"대체 무슨 일이오?"

도제조 박 대감이 마루 위에서 마당에 서 있는 이토 통감을 내려다보며 소리쳤다.

"오늘부터 얼마간 이곳을 우리 일본군이 지키겠소."

"뭐라고요?"

박 대감이 놀란 얼굴로 말했다.

"앞으로 내 허락 없이는 누구도 이곳을 맘대로 드나들 수 없으니 그리 아시오. 만일 이를 어길 때에는 가만두지 않을 것이오!"

이토가 눈을 부릅뜨고 말했다.

"아니, 그게 무슨 소리요? 이곳 내의원은 황제 폐하의 옥체를 돌보는 곳이란 걸 모르시오?"

"하하하. 그건 걱정 마시오. 앞으로 황제 폐하의 건강은 우리가 맡을 것이오."

이토는 대수롭지 않은 듯 웃어 젖히며 말했다.

"그럴 수는 없소이다!"

박 대감이 눈을 부라리며 말했다.

"다만 그 대신 앞으로 보름에 한 번씩은 황제의 진맥을 볼 수 있도록 해 주겠소."

"우리는 닷새마다 황제 폐하를 진맥해 왔소이다. 보름에 한 번이라니 말도 안 되오."

"하여튼 그리 아시오."

그렇게 말하고는 이토 통감은 휙 돌아서 갔다. 그 대신 일본 군인들이 내의원 문 앞을 지켜 섰다. 박 대감과 어의들은 망연자실했다. 연희 또한 걱정이 이만저만이 아니었다.

이토 통감은 그길로 순종 황제를 찾아갔다. 이토 뒤에는 일본 의사 한 사람이 뒤를 따르고 있었다. 일본 의사는 한 손에 까만 가방을 들고 있었다. 이토 통감은 황제한테 겉치레로 인사를 올리고 나서 말했다.

"황제 폐하, 옥체가 불편하다고 들었습니다."

"흐음, 그대가 걱정할 만큼은 아니오."

"하오나 우리 일본과 조선의 미래를 위해서도 황제 폐하의 옥체는 소중한 것이니, 저희 일본 의사한테 진찰을 한번 받아 보시지요."

그러면서 이토 통감은 옆에 서 있는 일본 의사를 소개했다.

"여기 고바야시 박사는 천황 폐하의 주치의를 했을 만큼 아주 뛰어난 의사입니다. 폐하께선 이제 아무 걱정 마십시오."

그러자 의사 고바야시가 가방에서 청진기를 꺼냈다.

"황제 폐하, 제가 진찰을 봐 드리겠습니다."

고바야시가 순종 황제한테 다가서며 말했다.

"아니, 어디 황제 폐하의 옥체에 함부로 손을 대려 하느냐?"

황제 옆에 있던 조선 대신들이 고바야시한테 벼락같은 소리를 질렀다. 그 바람에 고바야시가 깜짝 놀라 뒤로 물러났다.

"통감이 걱정해 주는 것은 고마우나 나는 괜찮소. 만일 내가 아프더라도 조선 어의들이 있소. 그러니 그만 물러가시오."

"황공하오나 이제 조선 어의들은 황제 폐하께 약을 올리지 못합니다. 그러하오니 고바야시의 진찰을 받으시지요."

"아니, 그게 무슨 소리요? 만에 하나 우리 어의들의 털끝이라도 건드리는 날이면 내 결코 가만있지 않을 것이오."

순종 황제가 화난 목소리로 말했다.

"그럴 일은 없을 것이옵니다. 진찰을 받기 어려우시면 약이라도 드시지요. 듣자니 소화가 잘 안 된다 하시니 그에 맞는 약을 드리겠습니다."

그러자 고바야시가 하얀 알약 서너 알을 내놓으며 말했다.

"식사를 마치고 나서 이 약을 드시면 아마 소화가 잘될 것입니다. 우리 천황 폐하께서도 드시는 아주 귀한 약입니다."

"그렇다면 천황께 갖다 드리게. 나는 우리 대한제국의 어의들이 지은 우리 약을 먹을 것이니."

막상 순종이 이렇게 나오자 고바야시와 이토 통감은 어찌할 바를 몰랐다. 이토는 어떡하든 일본 약으로 황제를 낫게 했다는 소리를 듣고 싶었다. 그래야만 일본이 조선보다 뛰어나다는 것을 널리 자랑할 수 있기 때문이었다. 순종 황제 또한 이토의 그런 속셈을 알고 있었기에 거듭 일본 약을 물리친 것이다.

"좋습니다, 황제 폐하. 오늘은 이만 물러가겠습니다. 하지만 조선 어의들은 결코 약을 바칠 수 없으니 그리 아십시오."

이토가 아랑곳하지 않고 말을 내뱉고는 어전을 물러났다. 순종 황제는 가슴이 미어졌다. 힘없는 나라의 임금이기에 겪어야 하는 부끄러움이었다. 황제 곁에 있던 많은 조선 대신들이 이토의 오만방자함에 몸을 떨었지만 어쩔 수가 없었다.

어전을 물러난 이토는 통감실로 돌아왔다.

"조선 황제의 고집이 저러니 어찌해야 좋을지 모르겠습니다."

고바야시가 이토의 눈치를 살피며 말했다.

"걱정 말고 조금만 기다려 보게. 아무리 조선 황제인들 아프면 별수 있겠어? 그리고 황제 옆에는 우리 일본을 편드는 조선 대신들이 많이 있지 않느냐? 하하하."

아닌 게 아니라 조선 조정에는 일본을 편드는 친일 무리들이 득실거렸다. 그들이 황제한테 일본 약을 먹으라고 줄기차게 얘기한다면, 황제도 별수 없이 두 손을 들고 말 것이라고 생각했다.

"허허, 정말 그렇겠군요."

"이제 조선 황제의 병만 우리 손으로 낫게 한다면 우리의 계획은 일사천리로 착착 진행될 것이야. 껄껄껄."

이토의 호탕한 웃음소리가 조선의 궁궐 위로 퍼져 나갔다.

"이런 불충이 어디 있단 말인가? 황제 폐하의 옥체조차 제대로 돌봐 드리지 못하다니……."

내의원에서는 도제조 박 대감이 긴 한숨을 내쉬고 있었다.

"이 모든 것이 힘없는 나라의 신하인 탓입니다, 대감."

두 어의가 눈물을 삼키며 말했다. 연희는 이들 옆에서 늘 하던 대로 내전일기를 적고 있었다. 오늘 아침 황제가 일어난 때, 먹은 음식, 매우 틀로 살펴본 소화의 상태까지 낱낱이 적었다.

그러면서 한편으로 어떡하면 일본 사람들의 눈을 피해 황제 폐하를 보살펴 드릴 수 있을지를 고민했다. 한참을 그렇게 고민하던 연희가 갑자기 도제조 대감을 바라보며 말했다.

"대감마님, 저한테 좋은 생각이 있습니다."

박 대감과 두 어의가 똑같이 연희를 바라보았다.

그날부터 박 대감과 두 어의는 내의원에서 한가로이 바둑만 두었다. 일본 군인들이 아무리 찬찬히 살펴봐도 별다른 낌새가 안 보였다. 다만 연희만이 부지런히 내의원과 수라간을 오고 가며 늘 하던 일을 열심히 하고 있었다.

역사스페셜박물관

성정각
성정각은 원래 세자가 공부하던 곳이었어요. 그러다가 1920년에 창덕궁이 다시 세워지면서 내의원을 이곳으로 옮겼다고 하는군요. 이곳의 책임자인 도제조와 제조는 닷새마다 한 차례씩 의관을 데리고 임금을 찾아뵙고 진찰을 했다고 합니다. 순종 황제 때의 의녀 연희도 이곳에서 황제의 건강을 돌보며 열심히 일했을 것입니다. (시몽포토)

성정각 안쪽
순종 황제 때 내의원으로 쓰던 성정각 안쪽 모습입니다. 약 짓는 기구인 돌절구도 보이고요, 약재를 보관하던 곳도 있어요. 이곳은 좋은 시설에 걸맞게 그때 가장 뛰어난 의원들이 일하던 곳이었지요. 내의원에는 도제조와 그 아래 부제조 그리고 많은 어의들이 있었는데요, 임금의 약을 지을 때는 세 어의가 의견을 모아 짓고, 또 지은 약은 어의들이 먼저 어떤지 먹어 봤다고 하는군요. (홍순민)

왕의 건강은 우리 손으로!

보호성궁(保護聖躬)과 조화어약(調和御藥)
성정각 남쪽 작은 전각에 걸려 있는 현판이에요. 보호성궁은 "임금의 몸을 보호한다."는 뜻이고, 조화어약은 "임금을 위하여 약을 짓는다."는 뜻이지요. 내의원이 무엇을 하는 곳인지를 한마디로 잘 말해 주고 있어요. 내의원에서는 약은 물론 차도 달여 올렸는데, 그 물은 한강 한가운데로 흐르는 물을 길어다가 은으로 만든 탕관에 달였다고 하는군요. 임금의 건강을 돌보려고 애쓴 어의와 의녀들의 정성을 엿볼 수 있지요. (시몽포토)

연희한테 닥친 위기

순종 황제가 있는 희정당으로 사람들이 속속 모여들었다. 도제조 박 대감과 두 어의 그리고 오 상궁의 발걸음이 바빴다. 오늘은 보름 만에 황제 폐하를 진맥하는 날이었다. 이토 통감이 허락한 날이 바로 오늘이었던 것이다. 연희 또한 일행의 뒤를 따랐다. 희정궁 마당으로 들어서자 이토 통감과 고바야시 그리고 친일 무리 대신들이 기다리고 있었다.

"통감은 여기 어인 일이시오?"

도제조 대감이 물었다.

"우리도 폐하의 건강에 무척 관심이 많소이다. 만일 그대들이 진맥을 해서 황제의 병이 그대로면, 우리가 가져온 약을 쓸 것이오. 알겠소?"

이토는 느긋했다. 그동안 조선 어의들이 탕약을 올릴 수 없었기 때문에 황제의 건강은 더욱 나빠졌을 것이다. 그렇다면 이번에는 무슨 수를 쓰든 일본 약을 올릴 생각이었다.

"음, 알았으니 같이 안으로 드시지요."

문 밖에서 내관이 이를 아뢰자 안에서 순종의 목소리가 들려왔다.

"오, 그래 어서 들라 하라!"

그런데 황제의 목소리를 들은 이토 통감의 얼굴이 잠깐 일그러졌다. 황제의 목소리가 전에 없이 밝았던 것이다. 사람들이 어전으로 들어서자 놀랍게도 순종 황제는 서서 방 안을 거닐고 있었다. 한눈에 보기에도 얼굴이 아주 좋아 보였고 걸음걸이도 사뿐했다.

'이게 어찌 된 일이란 말인가?'

이토 통감은 깜짝 놀랐다. 지금쯤이면 조선 황제는 배가 아프고 소화가 안 돼서 쩔쩔매고 있어야 했다. 그런데 생각했던 것과는 전혀 딴판이었다. 곧이어 어의들이 진맥을 시작하였다. 한참 동안 두 어의와 도제조 대감이 차례로 황제의 손목을 진맥하고 나서 물러났다. 모두가 저마다 밝은 얼굴이었다. 도제조 대감이 얼굴에 웃음을 띠며 먼저 입을 열었다.

"폐하, 감축 드립니다. 폐하의 옥체에 맑은 기운이 가득하옵니다. 소화불량도 거의 사라지고 맥도 아주 고릅니다."

"아니, 그럴 리가 없소! 우리가 직접 진찰을 해 보겠소."

박 대감의 말을 가로막으며 이토 통감이 나섰다.

순종 황제는 지그시 웃으며 고바야시 의사의 진찰에 응했다. 청진기를 이리저리 대보던 고바야시가 고개를 갸웃거렸다.

"음, 정말 아무 이상이 없는걸요."

고바야시의 말에 이토의 얼굴이 금세 붉으락푸르락했다. 뒤에서 이를 지켜보던 연희도 속으로 깊은 숨을 내쉬었다.

"어떠한가? 이제 일본 천황이 먹는 약은 굳이 쓸모가 없을 테지?"

순종 황제의 말에 이토는 아무런 대답도 못했다. 맨 뒤에 앉아 이를 지켜보던 연희는 내전일기를 펼쳤다. 그러고는 "황제 폐하의 옥체가 강녕하시다."고 적었다. 그때 고바야시가 뭔가를 적고 있는 연희를 슬쩍 바라보았다. 할 말이 없어진 이토도 연희를 한번 힐끔 보고는 그대로 밖으로 나가 버렸다.

이토 일행은 감쪽같이 속아 넘어갔던 것이다. 도제조 대감과 어의들은 일본 군인의 눈 때문에 약을 못 짓게 되자, 연희를 시켜 몰래 약을 지어 바쳤던 것이다. 연희는 어의들의 처방을 내전일기에 그대로 적어 뒀기 때문에 내전일기에 적힌 대로 약재를 짓기만 하면 되었다. 약재는 사옹원에서 쉽게 구할 수 있었다. 연희는 그 약재를 조그만 알갱이인 환약으로 만들었다. 약재를 달인 탕약은 일본 군인 눈에 걸릴 수가 있기 때문이었다. 그리고 수라상을 올릴 때마다 그 환약을 몰래 품속에 넣어 가서 황제가 드시도록 했던 것이다. 연희가 사옹원 약재를 수라간에 가져갈 때도 일본 군인들은 반찬인 줄 알고 크게 신경 쓰지 않았다.

순종 황제도 열심히 약을 먹었다. 약을 먹을수록 더부룩하던 속이 편해지고 소화도 잘 되었다. 수라간 오 상궁 또한 소화가 잘 되는 음식을 정성껏 만들어 황제한테 갖다 바쳤다. 이렇게 보름쯤 지나면서 순종 황제의 소화불량은 씻은 듯이 나았던 것이다.

"이게 대체 어찌 된 노릇이란 말인가? 조선 어의들을 제대로 감시하긴 한 것이더냐?"

통감실로 돌아온 이토는 일본군 장교를 불러 놓고 길길이 날뛰었다.

"예, 각하! 그동안 조선 어의들이 황제 가까이엔 얼씬도 못하게 빈틈없이 지켰습니다."

"일부러 누가 조선 황제한테 약을 갖다 준 게 아니라면 어찌하여 조선 황제의 병이 다 나을 수 있단 말이냐?"

"저, 아까 어떤 궁녀가 뭔가 적고 있지 않았습니까? 어쩌면 그 궁녀가 뭔 짓을 하지 않았을까요?"

옆에서 가만히 듣고 있던 의사 고바야시가 말했다.

"그 궁녀도 잘 지켜봤느냐?"

고바야시의 말에 이토가 일본군 장교를 바라보며 물었다.

"궁녀는 심부름만 하는 사람인지라……."

일본군 장교가 얼버무렸다. 일본 군인들은 내의원의 도제조와 어의들만 감시했을 뿐 연희에 대해서는 소홀했던 것이다.

"그렇다면 그 궁녀가 일을 꾸민 게 틀림없습니다."

고바야시가 작은 눈을 깜빡이며 말을 이었다.

"틀림없이 그 궁녀가 약을 바쳤을 것이고, 또 그 결과를 적었을 것입니다. 어쩌면 조선 왕의 건강에 얽힌 모든 비밀이 거기 모두 적혀 있을지도 모릅니다."

"흐음……."

고바야시의 말에 이토가 깊은 생각에 잠겼다.

"대감, 이토 통감의 얼굴이 벌게지는 것을 보았지요? 그 쩔쩔매던 꼬락서니하곤, 하하하."

내의원에서는 최 어의가 기분 좋게 웃고 있었다.

"그렇습니다. 일본 약을 황제 폐하한테 바치려던 그들의 속셈이 물거품이 됐으니 속이 얼마나 쓰리겠습니까? 이번 일은 연희 저 아이가 큰 공을 세웠습니다."

김 어의도 연희를 바라보며 기분 좋게 말했다. 연희도 마음이 한결 가벼웠다. 하지만 도제조 대감은 눈을 감은 채 생각에 잠겨 있다가 불쑥 말을 꺼냈다.

"흠, 저들이 그리 쉽게 호락호락 넘어가진 않을 것이야. 연희야, 내전일기를 좀 보자꾸나."

도제조 대감의 말에 연희는 자기 방으로 가서 내전일기를 가져왔다. 책장을 한 장 한 장 넘기던 도제조 대감은 잇따라 고개를 끄덕였다. 내전일기는 어느새 몇 권의 책이 되어 있었다.

"잘 적었구나. 아주 훌륭하다."

도제조 대감은 흐뭇했다. 만에 하나 내의원 어의들한테 무슨 일이 생기더라도 내전일기만 갖고 있다면 폐하를 섬기는 데 큰 문제가 없을 것 같았다.

"너는 이 내전일기를 목숨보다 더 소중히 지켜야 할 것이야."

"예, 대감. 굳게 다짐하겠습니다."

연희가 막 대답을 마치자마자 수라간 오 상궁이 내의원으로 숨을 헐떡이며 달려왔다.

"대감, 큰일 났습니다! 왜놈들이 연희를 찾으려고 이곳으로 몰려오고 있습니다."

도제조 대감과 연희는 오 상궁의 말에 깜짝 놀랐다. 벌써 일본 군인들은 연희의 방을 샅샅이 뒤진 뒤였다. 수라간에도 연희가 안 보이자 내의원으로 곧바로 달려오고 있었다. 일본 군인들이 달려오는 발자국 소리가 내의원 안에까지 들렸다.

"연희 너는 이 내전일기를 갖고 오 상궁과 함께 어서 이곳을 떠나라."

"대, 대감……."

연희는 두려운 마음에 어쩔 줄을 몰랐다.

"잘 들어라. 어떤 일이 있어도 이 내전일기를 왜놈들한테 넘겨줘서는 안 된다. 잘 감춰 뒀다가 후손들한테 꼭 물려줘야 하느니라. 알겠느냐?"

"네, 대, 대감."

연희는 얼떨결에 대답을 하고는 얼른 내전일기를 보따리에 쌌다. 그러고는 오상궁을 따라 작은 쪽문을 거쳐 내의원을 빠져나가 오상궁의 방으로 숨었다. 오 상궁의 방은 대조전 안의 황제 폐하와 황후 마마가 묵는 방 바로 옆에 있었다. 대조전은 일본군이라 해도 결코 함부로 들어갈 수 없는 곳이었다.

역사스페셜박물관

대조전
대조전은 궁궐에서도 가장 깊숙한 안쪽에 있는 내전의 중심이었어요. 오늘날의 창덕궁 대조전은 1917년에 불타고 나서 경복궁 교태전을 옮겨다 지었다고 해요. 대조전은 "큰 것을 만든다."는 뜻인데요, 여기서 큰 것이란 바로 나라를 이어 갈 왕자를 생산하는 것을 말하지요. (시몽포토)

대조전 안쪽
대조전 안쪽에 있는 대청에는 개화기 때 들여온 서양식 가구들이 놓여 있지만, 대조전의 전체 구조는 전통 방식을 그대로 따르고 있어요. 대청을 중심으로 동쪽과 서쪽에 큰 방이 하나씩 있는데, 이것은 바로 왕과 왕비의 침실이에요. 왕과 왕비의 침실 둘레에는 방이 여러 개 있어요. 왕과 왕비가 잠자리에 들면 그 방에 궁녀들과 왕의 건강을 책임지고 있는 내의원들이 한 사람씩 들어가 숙직을 섰어요. (타임스페이스)

대조전 수라간
이곳은 왕의 밥상을 차려 내던 수라간 부엌이에요. 이곳 또한 개화기 때 서구식으로 고쳐졌는데, 《내전일기》를 적던 그 무렵 순종이 들었던 수라도 이곳에서 만들었지요. 내의원에서 일했던 연희도 이곳 수라간을 드나들면서 황제께 올릴 음식을 챙기고, 또 탕약과 환약을 정성껏 달이고 지었을 것입니다. (시몽포토)

지성이면 감천이로고!

환약

환약이란 약재를 곱게 갈아 꿀 같은 것과 버무려서 작은 알갱이로 만든 것이에요. 우리의 전통 약은 약재를 달이는 탕약과 이렇게 알갱이로 만든 환약이 있었지요. 조선 시대 내의원에서는 이런 환약도 많이 만들었는데요, 더욱이 겨울철이 시작되는 음력 11월에는 여러 가지 환약을 만들어 임금님께 바쳤다고 해요. 연희가 일본 군인들 몰래 순종 황제께 바쳤던 약도 바로 이런 환약이었던 것이지요. (시몽포토/동의한재)

내전일기를 지켜라!

연희가 오 상궁을 따라 내의원을 빠져나가자마자 일본 군인들이 들이닥쳤다.

"연희라는 계집은 어디 있느냐?"

일본군 장교가 칼을 뽑아 들면서 박 대감과 어의들을 위협했다.

"그 아이는 여기 없소."

박 대감이 조금도 흔들림 없이 말했다.

"그렇다면 책을 내놓아라."

"무슨 책 말이오?"

"다 알고 왔다. 너희 황제의 병과 그 처방을 적은 책이 있지 않느냐? 잔말 말고 어서 내놓아라."

"나는 그런 거 모르오."

박 대감이 일본군 장교를 똑바로 쏘아보며 말했다.

"그래? 정녕 네 목숨과 그것을 바꾸겠다는 것이냐? 여봐라, 이 자를 곧장 묶어라."

그 말이 떨어지기가 무섭게 일본 군인들이 달려들어 박 대감을 꽁꽁 묶어 버렸다. 두 어의가 맞서 보려 했지만 그들의 총칼을 이겨 낼 수는 없었다.

"사흘 안에 그 책을 안 가져오면 도제조의 목숨은 저세상으로 갈 줄 알아라! 알겠느냐?"

일본군 장교는 그렇게 말하고는 박 대감을 끌고 가 버렸다.

오 상궁의 방으로 숨어든 연희는 깊은 고민에 잠겼다. 내전일기를 지키자니 도제조 대감의 목숨이 위험하고, 그렇다고 황제 폐하의 병과 처방을 꼼꼼히 적은 내전일기를 일본 사람들한테 내줄 수는 없었다. 그것은 바로 나라의 기밀을 넘기는 것과 마찬가지였기 때문이었다. 한동안 고민하던 연희의 눈이 반짝 빛났다.

"뭣이? 이런 어처구니없는 일이 어디 있단 말이냐? 내 곧장 통감을 만날 것이니라."

오 상궁한테서 그간의 얘기를 전해 듣고 순종 황제는 화가 솟구쳤다. 아무리 힘없는 나라이지만 일본 통감이 조선 조정 대신을 멋대로 가둘 수는 없는 노릇이었다.

"폐하, 고정하옵소서."

오 상궁이 그런 황제를 진정시키며 말했다.

"황제가 되어 자기 신하조차 지키지 못해서야 말이 되느냐? 내 몸소 일본 통감을 만날 것이니라."

"폐하, 부디 사흘만 기다려 주소서. 사흘이면 방법을 찾아낼 수 있을 것이옵니다."

"사흘 뒤면 그들이 도제조 대감을 해칠 거라 하지 않았느냐?"

"폐하께서는 저희만 믿고 어서 수라를 드시옵소서. 무엇보다 폐하께서 건강하셔야 이 나라 조선과 백성들을 지킬 수 있을 것이옵니다."

오 상궁의 말에 순종 황제는 자기 앞에 놓인 수라상을 바라보았다. 문득 이 음식을 바치려고 얼마나 많은 사람들이 애를 썼을까 하는 생각이 들었다. 순종 황제는 수저를 들었다.

그러는 사이 사흘째 되는 날이 다가왔다. 그동안 박 대감은 통감실 옆의 작은 방에 갇혀 있었다. 이토는 박 대감을 통감실로 불러내 말했다.

"이제 고집 그만 피우시고 어서 그 책을 내놓으시오. 안 그러면 대감의 목숨도 어찌 될지 모르는 일이오."

"맘대로들 하시오. 신하된 자가 황제를 위해 목숨을 잃는 건 더없는 자랑이오."

박 대감은 조금도 주저 없이 말했다.

"그대가 굳이 그렇게 나온다면 할 수 없군."

바로 그때 일본군 장교가 허둥지둥 통감실 안으로 뛰어 들어왔다.

"토, 통감 각하, 조선 황제가 여기로 오고 있습니다."

"뭣이, 조선 황제가?"

이토가 놀랄 틈도 없이 통감실 문이 열리며 조선 내관들 뒤로 순종 황제가 들어섰다.

"아니, 황제 폐하께서 여기까지 어인 일이시옵니까?"

이토가 쩔쩔매며 물었다.

"폐, 폐하······."

박 대감이 순종 황제를 보고는 그 자리에서 엎드리며 말했다.

"통감, 이 무슨 얼토당토 않는 짓이오? 어찌하여 그대가 대한제국의 대신을 멋대로 가두고 있단 말인가?"

순종 황제가 이토 통감을 쏘아보며 큰 소리로 말했다.

"폐하, 그, 그게 아니라······."

이토가 어쩔 줄을 몰라 말끝을 흐렸다.

"잔말 말고 어서 박 대감을 풀어 주시오!"

"고정하시지요. 저희는 다만 내의원 어의들한테 황제 폐하의 건강을 돌보는 법을 배우고자 했을 뿐입니다."

순종 황제가 이토의 말을 가로막고 문 밖을 바라보며 말했다.

"어서 들라!"

그러자 연희가 커다란 보퉁이를 안고 통감실로 들어섰다. 이토는 연희를 보자 깜짝 놀랐다.

"그대가 바라는 것이 이것이오? 그렇다면 좋소. 이걸 줄 터이니 지금 바로 박 대감을 풀어 주시오."

"황제 폐하, 그것만은 결코 아니 되옵니다."

박 대감이 엎드린 채 큰 소리로 말했다.

"그 대신 다시 한 번 이런 일이 있을 땐 내 결코 가만두지 않을 것이오. 알아들었소?"

"잘 알겠습니다, 폐하. 대일본 제국의 명예와 천황 폐하의 이름을 걸고 굳게 다짐하겠습니다."

이토가 머리를 조아리며 말했다.

"어서 넘겨주어라."

순종 황제가 연희를 바라보며 말했다. 연희는 탁자 위에 보따리를 내려놓았다. 그러자 이토가 허겁지겁 보따리를 풀었다. 이토의 얼굴이 금세 환해졌다.

"여봐라, 어서 박 대감을 풀어 드려라."

그러자 일본군 장교가 박 대감을 묶은 오라를 풀었다.

"황제 폐하, 차라리 소신을 죽여 주시옵소서. 흑흑흑."

박 대감이 울부짖으며 말했다.

"그런 소리 마시오. 대감은 나한테 누구보다 소중한 신하란 걸 모르오? 자, 어서 돌아갑시다."

황제 일행이 밖으로 나오자 대신들과 내관 그리고 궁녀들이 빙 둘러서서 순종 황제를 맞이했다.

"그동안 얼마나 고생이 많았소?"

순종 황제가 도제조 박 대감의 손을 맞잡으며 말했다.

"폐하, 그것보다도 소신 때문에 소중하기 그지없는 책이 왜놈들한테 넘어갔으니 이를 어찌하면 좋습니까?"

"걱정 마시오. 이 아이 덕분에 모든 일이 잘 풀렸소. 허허허."

순종 황제가 연희를 가리키며 큰 소리로 웃자 박 대감은 영문을 모르겠다는 듯 연희를 바라보았다.

"대감마님, 아무 걱정 마십시오. 왜놈들한테 넘겨준 것은 소녀가 지난 사흘 밤낮으로 만든 가짜입니다."

연희가 얼굴에 살짝 웃음을 띠며 말했다.

"그, 그게 정말이냐?"

박 대감이 모처럼 얼굴을 활짝 펴며 말했다.

"진짜 내전일기는 궁궐 안 깊은 곳에 잘 숨겨 뒀습니다."

"대감, 이제 안심이 되오?"

순종 황제가 흐뭇한 웃음을 지으며 말했다.

"폐하, 황공하옵니다."

"이번 일로 그대들이 짐의 건강을 돌보려고 얼마나 애쓰는지를 잘 알았소. 그래서 앞으로는 밥도 잘 먹고, 운동도 열심히 해서 그대들의 고생에 조금이나마 보답할 생각이오. 그러니 이제 다들 마음 푹 놓으시오. 허허허."

순종 황제의 말에 연희가 활짝 웃었다. 웃으며 바라본 궁궐 위 하늘이 그 어느 때보다 푸르렀다.

역사스페셜 박물관

격구

조선 시대의 임금들이 이따금씩 운동 삼아 즐기던 놀이입니다. 말을 타고 공을 막대기로 쳐서 정해진 선 밖으로 내보내는 겨루기인데요, 서양의 폴로와 비슷한 놀이입니다. 이 밖에도 걸어 다니며 공을 구멍에 쳐 넣는 보행 격구도 있었다고 하는데요, 더욱이 조선 2대 임금 정종이 이 격구를 무척 즐겼다고 해요. 아침 일찍부터 밤늦게까지 나랏일을 돌보느라 쉴 틈 없었던 왕의 건강을 지키려면 이런 놀이가 꼭 필요했던 것이지요. (무예도보통지)

투호

넓은 마당이나 뒤뜰 같은 데 귀가 달린 청동 항아리를 놓고, 여러 사람들이 동과 서로 편을 갈라 열 걸음쯤 떨어진 곳에서 화살을 던져 항아리 속에 넣는 놀이예요. 물론 화살을 많이 넣은 편이 이기는 거지요. 주로 민간에서 많이 하던 놀이이긴 하지만, 궁궐에서 왕족이나 왕실의 여성들도 이 놀이를 즐겨했다고 해요. 이 또한 조선 시대 임금들이 할 수 있었던 운동 가운데 하나인 셈이지요. (연합뉴스)

부용지와 부용정

창덕궁 뒤뜰에 있는 연못과 정자를 이르는 이름이에요. 이곳은 조선 시대 때 임금이 과거에 급제한 이들한테 잔치를 베풀어 축하를 해 주던 곳이었지요. 더욱이 정조 대왕은 이곳에서 신하들과 낚시를 무척 즐겼다고 해요. 나랏일을 돌보느라 지친 몸과 마음을 달래기엔 더없이 좋은 곳이었을 것 같아 보이지요. (시몽포토)

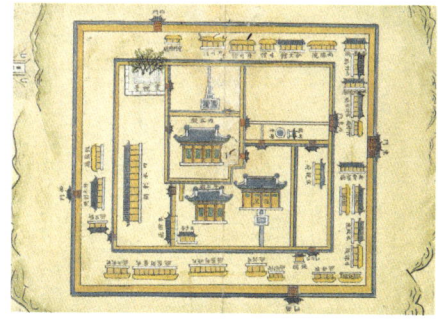

온양별궁전도

조선 시대 임금들은 병을 치료하고, 건강을 지키려고 온천을 자주 찾았어요. 그 가운데 가장 이름난 곳이 충남 온양 온천이었지요. 그래서 이곳엔 왕들이 잠깐 머물던 행궁이 있었는데, 《영괴대기(靈槐臺記)》라는 책 속에 나오는 '온양별궁전도'에는 그때의 모습이 자세히 그려져 있답니다. (규장각 한국학연구원)

버릇을 바꾸다

"자, 다음 장소로 가겠습니다. 다 모여 주세요."

문화해설사의 목소리가 들려왔다. 사람들이 웅성거리는 소리도 들렸다. 지민은 그 소리에 퍼뜩 정신이 들었다. 둘레에는 아무도 없고 혼자서 대조전 뒤뜰에 있었다. 지민은 얼른 사람들 소리가 나는 쪽으로 달려갔다.

대조전을 다 둘러보고 나자 창덕궁 구경이 이어졌다. 정조 대왕 때 지었다는 규장각도 보고, 임금님 앞에서 과거 시험을 치렀다는 춘당대도 보았다. 춘당대 옆의 연못은 정말 아름다웠다. 궁궐 뒤쪽에 있는 동산은 이곳이 진짜 서울일까 의심이 들 만큼 수풀이 우거져 있었다.

궁궐 견학을 하는 내내 지민은 아무 말도 하지 않았다.

"우리 공주 마마께서 왜 이렇게 우울하실까?"

아빠가 그런 지민을 바라보며 말했다.

"그게 아니라 생각할 게 좀 있어서 그래요."

지민은 그제야 얼굴에 살짝 웃음을 지으며 말했다.

"그래? 무슨 생각을 그렇게 골똘히 하는데?"

"두고 보면 알아요. 헤헤."

지민은 말 못할 속셈이 있는 듯 그냥 웃기만 했다.

　다음 날 아침, 아침상을 차려놓고 지민의 방으로 들어가던 엄마가 깜짝 놀랐다. 여느 때 같으면 아직도 세상모르고 자고 있을 지민이가 이부자리를 말끔히 개어 놓고는 책상 앞에서 책을 읽고 있었던 것이다. 엄마는 놀란 나머지 아빠를 불렀다.
　"여보, 이리 좀 와 봐요. 우리 지민이 정말 많이 아픈가 봐요."
　엄마의 호들갑에 아빠가 지민의 방으로 허둥지둥 달려왔다.
　"가만, 오늘 해가 어디서 떴더라? 이게 무슨 조화지?"
　아빠도 지민의 모습에 놀라 눈이 휘둥그레져 말했다.
　"헤헤. 엄마 아빠, 이제 걱정 마세요. 저, 앞으로 안 좋은 버릇을 싹 바꿀 테니까요."
　"그래? 그런데 왜 갑자기 그런 생각을 했을까?"
　"어제 창덕궁에서 아주 귀한 사람들을 만났거든요. 밤낮없이 임금님의 건강을 보살피려고 애쓰던 사람들 말이에요. 그분들이 임금님께 바치던 정성이 엄마 아빠가 저한테 베풀어 주시는 정성과 똑같다는 생각을 했어요."
　지민의 말에 엄마 아빠는 서로 눈을 마주치며 고개를 갸웃했다.
　"자, 어서 나가요. 나 배고파요."
　지민이 엄마 아빠의 손을 이끌고 식탁으로 갔다. 지민은 어느새 키가 쑥쑥 자라는 기분이었다.

조선 시대 왕들은 어떻게 살았을까?

오늘날 많은 사람들은 옛날에 살았던 왕들은 무엇이든 마음먹은 대로 할 수 있었을 것이라고 생각해요. 그래서 옛날로 돌아가서 왕이 될 수 있다면 얼마나 좋을까 하고 꿈을 꾸기도 하지요. 그렇다면 과연 조선 시대의 왕들은 어떻게 살았는지 한번 알아보기로 할까요?

조선 시대에는 모두 스물일곱 왕이 있었는데, 이들의 평균 수명은 마흔일곱 살이었어요. 이 가운데 21대 임금인 영조가 여든셋으로 가장 오래 살았으며, 6대 임금인 단종이 열일곱 나이로 가장 일찍 죽었지요.

조선 시대 왕들은 이른 아침부터 밤늦게까지 쉴 새 없이 나랏일을 보살펴야 했기 때문에 늘 운동이 모자랐고, 때로는 술과 놀이에 푹 빠져 지내면서 건강을 해치는 일도 이따금씩 있었답니다.

나중에 임금이 될 원자는 태어나면서부터 남다른 보살핌 속에서 살았어요. 원자는 임금의 맏이로서 다음 왕의 자리를 이어받을 사람이었지요. 원자가 태어나면 보양청을 두어서 원자의 보호와 양육을 맡겼는데, 원자를 손수 기르는 일은 왕비와 궁녀 신분의 유모들이 주로 맡았답니다. 더욱이 젖을 먹이는 유모는 매우 까다롭게 뽑았는데, 무엇보다 마음 씀씀이가 고와야 했습니다.

원자가 네 살쯤 되면 강학청에서 원자의 공부를 맡는데, 이때부터 원자는 《소학》과 《천자문》 그리고 《격몽요결》 같은 유교 교육을 받았어요. 공부는 아침과 낮 그리고 저녁 세 차례 하는데, 한 번에 45분쯤 했지요.

그렇게 해서 원자가 여덟 살 무렵이 되면, 세자의 자리에 올라 앞으로 왕이 될 준비를 숨 가쁘게 해 나가야 했어요. 원자 때와 마찬가지로 하루에 세 차례 오전

공부(조강)와 낮 공부(주강) 그리고 저녁 공부(석강)를 하는데, 공부하는 시간과 과목은 훨씬 더 길고 어려웠지요.

  드디어 왕의 자리에 오르면, 날마다 해가 뜨기 전에 일어나 맨 먼저 대비와 왕대비 같은 웃어른들한테 인사를 올렸어요. 해가 뜰 무렵에는 경연에 참석하여 아침 조회를 했는데, 경연에는 삼정승을 비롯한 여러 관료들이 모여 서로 학문과 나랏일을 의논했지요. 이 같은 경연은 낮과 저녁 하루 세 차례 있었습니다.

  더욱이 낮 경연인 주강을 마치고 난 오후에는, 지방으로 내려가거나 중앙으로 올라오는 여러 관료들을 일일이 만나서 새로운 일을 맡긴다든지 지방의 사정을 직접 들으며 시간을 보냈어요. 이러다 보면 어느새 벌써 해질 무렵이 되었지요. 저녁을 먹고 난 뒤에는 낮 동안 밀린 일을 꼼꼼히 챙기고 나서 잠자리에 들기 전에 다시 대비와 왕대비한테 문안 인사를 올렸어요.

  이렇게 해서 겨우 하루의 공식 일과가 끝납니다. 그러고 나서는 조용히 명상에 잠기거나 책을 읽으면서 혼자만의 시간을 보내지요.

  이처럼 조선 시대 왕은 이른 아침부터 밤늦게까지 한 치도 빈틈없는 관리 속에 상상을 뛰어넘는 무거운 업무에 시달려야 했어요. 여기서 우리는 왕의 건강 관리가 얼마나 중요한 일인지를 새삼 느낄 수 있을 것입니다.

역사 스페셜 작가들이 쓴 이야기 한국사 30
조선 시대 왕 이야기 ❷ 왕의 건강을 지켜라

글 윤영수 | **그림** 안태형

초판 1쇄 펴낸날 2009년 11월 5일 | **초판 2쇄 펴낸날** 2011년 4월 15일
펴낸이 변재용 | **출판콘텐츠사업본부장** 전준현 | **편집책임** 김혜선 | **기획·편집** 네사람 | **디자인책임** 하늘·민 | **디자인** 서미영 | **사진진행** 시몽포토에이전시
마케팅 김병오, 박영준 | **홍보** 이대연 | **영업관리** 김효순 | **제작** 임기종, 안정숙 | **분해** 나모에디트(주) | **출력·인쇄** (주)삼조인쇄
제본 (주)선명제본 | **펴낸곳** (주)한솔교육 등록 제 10-647호 | **주소** 121-904 서울시 마포구 상암동 1653번지 DMC 이안상암 2단지 19층
전화 02-3279-3897(편집), 02-3271-3406(영업) | **전송** 02-3279-3889 | **전자우편** isoobook@eduhansol.co.kr | **누리집** www.isoobook.com
ISBN 978-89-535-3940-2 74910 | **ISBN** 978-89-535-3910-5(세트)

ⓒ 2009 (주)한솔교육·윤영수

※ 저작권법으로 보호받는 저작물이므로 저작권자의 서명 동의 없이 다른 곳에 옮겨 싣거나 베껴 쓸 수 없으며 전산장치에 저장할 수 없습니다.
※ 값은 뒤표지에 있습니다.

한솔수북 한솔수북은 아이 마음을 아름답게 가꿔 주는 한솔교육의 단행본 출판 이름입니다.